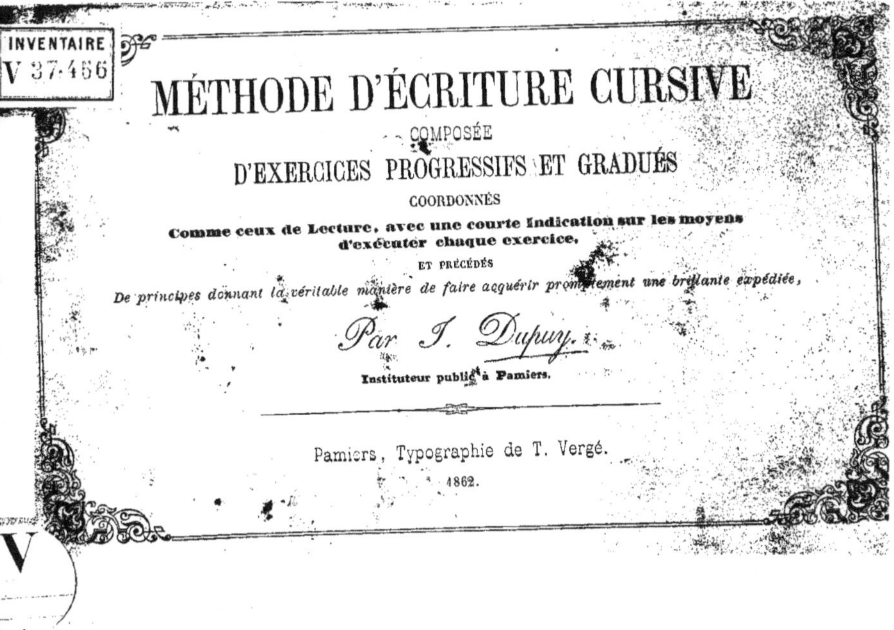

MÉTHODE D'ÉCRITURE CURSIVE

COMPOSÉE

D'EXERCICES PROGRESSIFS ET GRADUÉS

COORDONNÉS

**Comme ceux de Lecture, avec une courte indication sur les moyens
d'exécuter chaque exercice,**

ET PRÉCÉDÉS

De principes donnant la véritable manière de faire acquérir promptement une brillante expédiée,

Par I. Dupuy.

Instituteur public à Pamiers.

Pamiers, Typographie de T. Vergé.

1862.

MÉTHODE D'ÉCRITURE CURSIVE

COMPOSÉE

D'EXERCICES PROGRESSIFS ET GRADUÉS

COORDONNÉS

Comme ceux de Lecture, avec une courte Indication sur les moyens d'exécuter chaque exercice,

ET PRÉCÉDÉS

De principes donnant la véritable manière de faire acquérir promptement une brillante expédiée,

Par J. Dupuy.

Instituteur public à Pamiers.

Pamiers, Typographie de J. Vergé.
1862.

PRÉFACE.

L'écriture, cette expression merveilleuse des pensées de l'homme et des sentiments de son cœur, a subi, depuis quelque temps en France, une décadence considérable. Cependant notre siècle, amateur de l'utile avant toutes choses, apprécie les avantages de l'écriture, et jamais on n'écrivit autant; mais il a dédaigné l'art et jamais on n'écrivit si mal. De là, la gêne dans les affaires et des difficultés pénibles, quelquefois fâcheuses, dans la correspondance.

Devoué à l'instruction de la jeunesse, nous avons, pour notre faible part, tenté d'enrayer le mouvement de décadence que nous signalons, en publiant une *Méthode d'Écriture* cursive dont les principes simples, fondés sur la nature, et dont les procédés faciles, conformes au bon sens, et sanctionnés par l'expérience, doivent conduire les élèves, en moins d'une année, à écrire à la fois rapidement et lisiblement.

Notre *Méthode* est divisée en trois parties :

La première traite des principes généraux tels que de la tenue du corps, du cahier, de la plume, etc., et indique les proportions que doit avoir chaque sorte de lettre ;

La deuxième contient l'exposé des principes particuliers sur lesquels reposent les moyens d'exécution.

La troisième partie enfin présente l'application de ces principes sur des exercices progressifs et gradués, savoir :

1° Sur la formation des lettres ;

2° Sur des syllabes, des mots et des phrases ;

3° Sur les majuscules et sur la fine cursive usuelle.

MÉTHODE D'ÉCRITURE CURSIVE

Divisée en exercices progressifs et gradués

POUR ARRIVER FACILEMENT, EN QUELQUES MOIS, A UNE BONNE EXPÉDIÉE.

PREMIÈRE PARTIE.

PRINCIPES GÉNÉRAUX.

Position du corps.

On doit tenir le corps droit, le côté gauche à deux centimètres de la table, et le côté droit à quatre centimètres.

La position du bras droit doit être naturelle, c'est-à-dire qu'il ne faut ni trop serrer le coude près du corps, ni trop l'éloigner. La distance à observer doit être d'environ huit centimètres pour les adultes, et de six centimètres pour les enfants. En outre, le bras droit doit reposer légèrement sur le bord de la table, et de manière que le coude dépasse ce bord de dix centimètres pour les adultes, et de six centimètres, pour les enfants. Quant au bras gauche, il doit s'appuyer, à partir du coude, horizontalement sur la table.

Les jambes doivent être placées naturellement, la gauche un peu plus avancée que la droite et la pointe des pieds tournée en dehors.

Tenue de la plume.

La plume doit être tenue sans efforts par les trois premiers doigts de la main, le pouce, l'index et le majeur, qui doivent être légèrement courbés et réunis, de manière qu'il n'y ait point de jour entre eux.

On ne doit jamais tourner la plume entre les doigts et l'ouverture doit être dirigée vers la gauche.

La plume doit suivre la direction de l'index, dans toute la longeur de ce doigt, et reposer, par le grand tail, sous le coin de l'ongle du majeur ; le pouce doit être placé à la hauteur de la dernière phalange de l'index et en être éloigné, au moins, de deux millimètres, afin de faciliter la flexion de ces deux doigts. Les autres doigts doivent être placés les uns sous les autres, le petit doigt seul touchant le papier : il faut laisser entre celui-ci et le poignet, une distance assez grande pour permettre d'y passer un doigt.

Position du cahier.

Le cahier doit avoir son bord parallèle à celui de la table et être placé vis-à-vis du bras droit de telle sorte que la plume soit dans la même direction que la pente de l'écriture. Comme il est essentiel, pour la régularité de cette pente, que la plume conserve toujours cette direction, on maintiendra le cahier dans cette position, en le faisant glisser au moyen de la main gauche, à droite ou à gauche, suivant que l'on devra écrire au commencement ou à la fin de la ligne.

Des mouvements à observer pour rendre l'écriture régulière facile et rapide.

Quand on écrit, on a trois sortes de mouvements à exécuter : le mouvement des doigts, celui de la main et celui de l'avant-bras.

Ces trois mouvements, combinés ensemble, donnent toute la facilité possible pour écrire chaque mot *sans lever la plume de même que toute la ligne sans interruption*. Aussi les appliquons-nous, dès le début, dans nos exercices : on fait glisser légèrement la main pour la distance à observer entre les lettres, puis on pousse le coude pour la distance entre les mots, de manière que la main et le coude se trouvent vis-à-vis de l'endroit où doit être écrit le mot suivant.

Définition des termes employés dans l'enseignement de l'écriture.

On appelle *corps d'écriture* la longueur comprise entre les deux lignes parallèles tirées par l'extrémité de l'*i*.

On appelle *délié* la partie fine d'une lettre.

Le *plein* est la partie d'une lettre plus grosse que le délié.

La *liaison* est un trait vif et léger qui lie les lettres les unes aux autres. Il est produit par le tranchant de la plume et spécialement par le bec droit.

On appelle *jambage* le trait plein et droit d'une lettre.

La *hauteur* ou la *longueur* des queues et des boucles est la distance perpendiculaire de l'extrémité de la queue ou de la boucle au corps d'écriture.

Direction des liaisons et des déliés.

Les liaisons et les déliés qui entrent dans la composition d'une lettre doivent être rigoureusement parallèles entre eux. Ce *parallélisme* facilite la *rapidité* et la *régularité* de l'écriture. Aussi en faisons-nous la base des exercices de notre méthode. (Voir les exercices préparatoires et les deux premiers exercices, pages 13 et 14.)

Pour appliquer ce parallélisme, et afin que toutes les lettres de chaque mot, ainsi que tous les mots de la ligne, puissent être faits *sans s'arrêter*, tous les déliés doivent être commencés sur la ligne horizontale inférieure et terminés à la ligne horizontale supérieure, même à la fin d'un mot ; et les liaisons doivent toujours être montées *obliquement* jusqu'à la ligne supérieure sans *traîner* sur la ligne inférieure.

Principes particuliers en rapport avec le caractère employé dans les exercices de notre Méthode.

La pente doit avoir l'obliquité indiquée par la diagonale du carré construit avec la hauteur du corps d'écriture pour côté.

Distances.

Entre les lettres dont les pleins dérivent de la ligne droite, *m*, *i*, par exemple, la distance doit être d'un corps d'écriture ; il en est de même de la distance des jambages qui forment ces lettres, *m*, *n*, *u*.

Entre les jambages de deux lettres liées de bas en haut, *m*, *n* par exemple, elle doit être d'un corps et un quart.

Entre deux lettres courbes, de deux tiers de corps.

La distance entre deux mots doit être égale à un *m*.

Hauteur des lettres à queues et à boucles.

La hauteur des lettres à queue, *p*, *q*, *d*, par exemple, est de deux corps d'écriture ; en fine elle est de deux corps et demi.

Avec boucles, la hauteur est de deux corps et demi ; en fine elle est de trois corps et même de quatre. Le délié qui forme les boucles doit commencer à un quart de corps au-dessus de la ligne supérieure, ou se terminer à un quart de corps de la ligne inférieure.

DEUXIÈME PARTIE.

PRINCIPES PARTiCULIERS

SUR LESQUELS REPOSENT LES MOYENS D'EXÉCUTION.

Maître d'écriture depuis près de vingt-cinq ans, soit comme instituteur, soit comme attaché à l'enseignement primaire dans les colléges de Castres et de Pamiers, nous avons observé :

1° Que l'écriture *à main posée* des enfants qui terminent leur instruction dans les écoles primaires, est généralement bonne : chez quelques-uns elle rivalise même avec la gravure et la lithographie ; mais qu'elle est, à quelques rares exceptions près, illisible s'ils sont obligés d'aller vite;

2° Que l'écriture des enfants qui sortent des écoles primaires pour suivre l'enseignement secondaire, n'est qu'un griffonnage continuel, que MM. les Professeurs, malgré leur patience et leur bonne volonté, ne peuvent souvent pas lire en corrigeant les devoirs de ces élèves, ce qui doit nuire considérablement à leurs progrès : et cependant les uns et les autres ont employé à cette étude trois, quatre, et même cinq années. Cet enseignement est donc bien loin d'avoir atteint jusqu'ici le véritable but qu'on doit se proposer : *Former les enfants, dans le moins de temps possible, à écrire à la fois rapidement et lisiblement.*

Frappé de ces résultats presque négatifs, nous en avons recherché pendant longtemps les causes, et surtout nous avons sérieusement étudié les moyens par lesquels ces résultats pourraient être et plus prompts et meilleurs. Ces moyens sont développés ci-après : quant aux causes, j'en indiquerai deux principales :

1° L'enseignement de l'écriture par la grosse;

2° L'enseignement de l'écriture à main posée.

En faisant commencer l'enseignement de l'écriture par la grosse, on fait former aux enfants des caractères dont la hauteur du corps d'écriture n'est pas en rapport avec la petitesse de leur main ; dès-lors presque tous leurs mouvements sont forcés, et, par suite, leurs doigts ne peuvent acquérir la souplesse et la dextérité nécessaires pour écrire rapidement et régulièrement.

L'enseignement de l'écriture par le gros conduit nécessairement à faire écrire à main posée ; car il est impossible qu'un enfant, en commençant surtout, puisse former deux lettres de suite sans s'arrêter. Or, comme lorsque l'on écrit il faut que la main prenne une position unique et naturelle, qu'elle doit conserver au moins jusqu'à *la fin du mot*, pour exécuter des mouvements uniformes et tracer les lettres avec régularité, il est évident que l'enfant qui a appris à écrire à *main posée*, n'ayant pas été formé à cette position de la main, et n'étant pas habitué à écrire sans *lever la plume* chacun des mots de la ligne, de même qu'à les lier entre eux sans *s'arrêter*, devra nécessairement écrire d'une manière illisible s'il est obligé d'aller vite.

Dans la présente Méthode d'écriture, les caractères que nous employons dans les exercices relatifs à la formation des lettres, ont quatre millimètres de hauteur; plus petits, les enfants ne pourraient pas en saisir convenablement les formes. Ces caractères étant en rapport avec l'exiguïté de leur main, ils peuvent exécuter de telles lettres sans effort, surtout sans interruption, et contracter ainsi, même dès leur début, l'habitude d'une écriture propre et rapide.

Avant d'aborder l'étude d'une lettre, et en tête de chaque exercice, nous avons indiqué succinctement la manière de former cette lettre et les proportions qu'elle doit avoir. Le maître se trouvera bien de faire apprendre cette indication à ses élèves et d'en faire l'application, sous leurs yeux, sur le tableau noir, au commencement de chaque exercice.

Dans les exercices qui ont rapport à la formation des lettres, nous avons disposé ces lettres par groupes, combinés de telle sorte que les enfants puissent les exécuter *sans lever la plume*. Habitués de la sorte dès le commencement, et arrivés aux exercices de fin, leur main aura acquis nécessairement *la force, l'aisance, la légèreté, et cette sûreté et cette hardiesse de mouvements* indispensables pour écrire chaque ligne rapidement et régulièrement.

Nous avons divisé les exercices de notre Méthode en quatre séries.

La première série comprend d'abord des exercices préparatoires sur le mouvement naturel des doigts et de la main, et des exercices sur les lettres à jambages droits; la deuxième série contient des exercices sur les lettres courbes; la troisième série, des exercices sur les lettres bouclées; la quatrième série enfin, des exercices sur les lettres majuscules avec des modèles de fin expédiée.

Les exercices préparatoires sont figurés par des déliés

droits et parallèles, représentant, le premier, le mouvement naturel des doigts, *extension* et *flexion* ; le second, les mouvements uniformes de la main, dans la direction des déliés, de la pente et des liaisons. Ces exercices, n'exigeant aucune pression, sont destinés à dénouer les doigts des enfants, et ils atteignent ce but bien plus efficacement que l'exercice des pleins mâles, vulgairement appelés bâtons, par lesquels on fait généralement commencer les leçons d'écriture.

Le premier exercice de chaque série apprend à former une lettre *radicale*, et les exercices suivants les lettres qui dérivent *progressivement* de cette radicale. L'adoption de ce principe nous a permis de conduire l'élève du connu à l'inconnu, du *simple au composé* graduellement, sans peine, et pour ainsi dire à son insu.

Dans la deuxième et dans la troisième série, nous avons intercalé des exercices, soit de groupes de lettres, soit de mots, formés des lettres de cette série et de celles des précédentes. Cette disposition a pour but de rappeler aux élèves l'intelligence et la mémoire des formes de ces lettres, et de leur rendre très-familière, par une fréquente exécution, la formation de ces mêmes lettres.

L'enseignement de l'écriture étant donné aujourd'hui dans les écoles, en même temps que celui de la lecture, nous avons coordonné nos exercices comme ceux qui sont usités pour enseigner la lecture. A cet effet, nous faisons d'abord former les lettres de chaque série; des lettres, nous passons aux syllabes; des syllabes aux mots, et de ceux-ci aux phrases. Et, afin que les élèves puissent connaître les lettres qu'ils forment, nous plaçons au-dessus des lettres, des syllabes et des mots manuscrits les mêmes lettres, les mêmes syllabes et les mêmes mots en caractères d'imprimerie.

Nous engageons MM. les Instituteurs à faire nommer les lettres, épeler et lire les syllabes et les mots, soit au commencement de chaque exercice, soit en corrigeant le travail de chaque élève ; et, ainsi, nos leçons d'écriture seront en même temps des exercices de lecture et même d'orthographe.

En tête des modèles de fine nous avons placé aussi une courte indication, qui rappelle aux élèves la hauteur des boucles et la distance entre les mots , et la recommandation expresse d'écrire chaque ligne sans interruption.

Telle est la méthode que nous suivons depuis plusieurs années , soit pour les commençants , soit pour rectifier l'écriture des élèves qui fréquentent les classes élémentaires de l'enseignement secondaire, comme aussi celle de bien des jeunes gens qui désirent entrer dans des administrations , où une écriture rapide et régulière est exigée ; et les bons résultats que nous obtenons nous ont convaincu , qu'ainsi dirigés , enfants et adultes apprennent plus et mieux , en quelques mois, qu'en plusieurs années , par les procédés employés jusqu'à ce jour.

1re Série.

EXERCICES PRÉPARATOIRES.

1er exercice.

EXTENSION ET FLEXION DES DOIGTS.

A partir de la ligne inférieure 1, faites un délié jusqu'à la ligne supérieure 2 ; puis de deux à trois et dans le sens de la pente, faites un autre délié du bas duquel vous en faites partir un troisième dans la même direction que le premier. Exécutez ces trois mouvements sans lever la plume.

2e exercice.

MOUVEMENTS DES DOIGTS COMBINÉS AVEC CEUX DE LA MAIN.

Faites un délié jusqu'à la ligne supérieure, d'où vous formerez, en suivant la pente, un autre délié du bas duquel vous ferez partir, en glissant légèrement la main, une liaison jusqu'à la hauteur du délié suivant. Continuez ainsi le groupe sans vous arrêter.

EXERCICES GRADUÉS SUR LES LETTRES A JAMBAGES DROITS.

1er exercice.

I. RADICALE DES LETTRES A JAMBAGES DROITS.

Faites un délié jusqu'à la ligne supérieure, d'où vous formerez, en suivant la pente, un jambage droit, terminé par une petite rondeur suivie d'une liaison jusqu'à la hauteur de l'*i* suivant. Exécutez tout le groupe sans lever la plume, en glissant légèrement la main, pour passer d'un *i* à l'autre.

i   i   i   i   i   i   i   i   i   i   i   i

2e exercice.

u FORMÉ DE LA RÉUNION DE DEUX i.

Faites deux *i* à la distance d'un corps d'écriture, mais de manière que la liaison du premier s'engage au milieu du second ; pour passer d'un *u* à l'autre, portez, en faisant glisser légèrement la main et le coude et sans lever la plume, une liaison jusqu'à la hauteur de l'*u* suivant, et continuez ainsi le groupe sans interruption.

u   u   u.   u   u   u   u   u   u

ı RENVERSÉ, PREMIER JAMBAGE DU m.   (3e exercice.)

Faites un délié ascendant, terminez-le par une petite rondeur, d'où vous descendrez suivant la pente un jambage droit ; remontez sans lever la plume ce jambage jusqu'en son milieu, d'où vous ferez partir la liaison, pour former le jambage suivant. Continuez ainsi le groupe sans interruption.

DERNIER JAMBAGE DU m.   (4e exercice.)

Exécutez comme pour le premier jambage du m, mais en le terminant par la rondeur de l'i, d'où vous remonterez, sans lever la plume ; et en glissant légèrement la main, la liaison qui doit former le suivant. Continuez ainsi le groupe sans vous arrêter.

EXERCICES SUR LES LETTRES m n   (5e exercice.)

Tracez chaque jambage ainsi qu'il a été dit aux deux exercices précédents, mais chacun à la distance d'un corps d'écriture ; puis, sans lever la plume, glissez légèrement la main et le coude en faisant la liaison pour former le n à un corps et un quart d'écriture de distance du m. Exécutez ces deux lettres sans vous arrêter.

SYLLABES FORMÉES AVEC LES LETTRES **m n i.**   (6ᵉ exercice.)

Faites chaque syllabe sans vous arrêter. Distance entre les jambages et les lettres, un corps d'écriture. —
A la seconde et à la troisième ligne, de l'*i* ou de l'*u* au *m* ou au *n*, un corps et un quart.

r FORMÉ DU DERNIER JAMBAGE DU m. (7e exercice.)

R. Faites un délié jusqu'à la ligne supérieure, terminez-le par un point d'où vous formerez le dernier jambage du m. Faites le groupe sans vous arrêter.

r r r r r   r r r r r   r r r r r

v FORMÉ DU DERNIER JAMBAGE DU m. (8e exercice.)

V. Formez le dernier jambage du m, du bas duquel vous remonterez un délié légèrement courbe que vous terminerez à la ligne supérieure, et à la distance d'un corps d'écriture, par un point, d'où vous partirez pour faire le v suivant. Exécutez le groupe sans interruption.

v v v v   v v v v   v v v v

EXERCICES DE MOTS FORMÉS DES LETTRES DE LA PREMIÈRE SÉRIE.   (9ᵉ exercice.)

Écrivez chaque mot sans lever la plume, et en vous conformant aux indications énoncées à la formation de chaque lettre. La distance de l'*i* au *n* dans le premier mot et de l'*u* au *n* dans les deux derniers, doit être d'un corps et un quart d'écriture.

v   i   u   m   u   r   m   u   n   i   r   u   n   i   r

EXERCICES DE MOTS FORMÉS DES LETTRES DE LA PREMIÈRE SÉRIE.   (3ᵉ exercice.)

Écrivez chaque mot sans lever la plume, en vous conformant aux indications énoncées à la formation de chaque lettre. La distance de l'*i* ou de l'*u* au *m* ou au *n*, doit être d'un corps et un quart d'écriture.

m   i   n   i   m   u   m   r   i   m   i   n   i   v   i

2ᵉ série.   **c RADICALE DES LETTRES COURBES.**   (1ᵉʳ exercice.)

A un quart de corps d'écriture au-dessous de la ligne supérieure, faites un point ; de ce point vous formerez, en tournant vers la gauche, une petite rondeur que vous continuerez, suivant la pente, sous forme de jambage légèrement cintré, terminé par la rondeur de l'o, et de laquelle vous remonterez, sans lever la plume, la liaison jusqu'au c suivant. Faites le groupe sans interruption.

o FORMÉ DU c ET D'UN DÉLIÉ.   (2ᵉ exercice.)

O. Faites un c mais sans point ; de la rondeur inférieure vous remonterez sans lever la plume un délié légèrement cintré vers la droite qui aille rencontrer le commencement de l'o. De là vous ferez partir une liaison pour former l'o suivant. Exécutez le groupe sans vous arrêter.

e FORMÉ DU c ET D'UN DÉLIÉ.   (3ᵉ exercice.)

E. Faites un délié ascendant légèrement courbé vers la ligne supérieure ; tournez à gauche comme pour le c, mais de manière à couper ce délié au milieu de l'espace des deux lignes, et remontez, sans lever la plume, la liaison pour former, de la même manière, les e suivants.

(4ᵉ exercice.)

SYLLABES FORMÉES AVEC LES LETTRES DE LA 1ʳᵉ SÉRIE ET LES LETTRES **c o e** DE LA 2ᵉ.

Faites chaque syllabe sans vous arrêter. La distance entre deux lettres à jambages droits est d'un corps d'écriture entre deux lettres courbes, de deux tiers de corps entre une lettre à jambage droit et une lettre courbe, de trois quarts de corps.

i o i e c u u e o i o u c i e c

m o n e o m e n v o r e e r o v

i e u o u i i o u i e m o i n c r e

MOTS FORMÉS DES LETTRES DE LA 1re SÉRIE ET DES LETTRES c o e DE LA 2e.

Faites chaque mot sans vous arrêter. Distance entre les lettres à jambages droits : un corps d'écriture ; entre les lettres courbes, deux tiers de corps ; entre une lettre à jambages droits et une lettre courbe, de trois quarts de corps.

c i r e   m o u   r o i   n o c e   v i c e

o n r e   o u v r o i r   n o v i c e   v i v r e

u n i o n   m i e n   c o i n   o u i e

a FORMÉ D'UN *o* ET D'UN *i*,

Faites un *o* mais plus penché que l'*o* simple, et tracez, dans le sens de la pente, un *i* qui recouvre jusqu'en son milieu le délié de l'*o*. Exécutez le groupe sans vous arrêter.

a   a   a   a   a   a   a   a   a   a   a   a

x FORMÉ DE DEUX *c* DONT LE PREMIER EST RENVERSÉ.   (7ᵉ exercice.)

Faites un délié ascendant, mais en l'arrondissant légèrement vers la droite, à la hauteur de la ligne supérieure; continuez cette rondeur, suivant la pente en un jambage cintré au bas duquel vous ferez, vers la gauche, une petite rondeur que vous terminerez par un point. Fermez ensuite un *c* qui touche le premier jambage en son milieu. Exécutez chaque groupe sans interruption.

X   X   X   X   X   X   X   X   X   X   X   X

s FORMÉ DE LA PREMIÈRE PARTIE DE L'*x* ET D'UN DÉLIÉ A SA PARTIE SUPÉRIEURE. (8ᵉ exerc.)

Faites un délié ascendant jusqu'à la ligne supérieure, et que vous descendrez suivant la pente, en cintrant légèrement vers la gauche, jusqu'au tiers du corps d'écriture, d'où vous formerez la première partie de l'*x*, mais seulement à partir du plein.

s   s   s   s   s   s   s   s   s   s   s   s   s   s   s

SYLLABES FORMÉES DES LETTRES DE LA 1re SÉRIE ET DES LETTRES c o e a x s DE LA 2e.

Faites chaque syllabe sans lever la plume. La distance entre les lettres à jambages droits est d'un corps d'écriture ; entre deux lettres courbes, de deux tiers de corps ; entre une lettre à jambages droits et une courbe, trois quarts de corps.

c a   a c   x a   o x   s a   a s e x   x e

a u   u a   m a   a n   a i   i a   r a

x a u   s u a   m a i   s i a   s a i   s i s

MOTS FORMÉS DES LETTRES DE LA 1re SÉRIE ET DES LETTRES c o e a x s DE LA 2e.

Faites chaque mot sans vous arrêter. La distance entre les lettres à jambages droits est d'un corps d'écriture; entre deux lettres courbes, deux tiers de corps; entre deux lettres à jambages droits et une lettre courbe, trois quarts de corps.

c a v e   n o i x   m a r s   s c i e   a x e

s c i e n c e   e x a u c e r   v a i s s e a u

e x a m e n   m a i s o n   v a s e u x

11e exercice.

t FORMÉ DE L'i.

Faites un délié ascendant qui s'élève au-dessus de la ligne supérieure de la hauteur d'un corps d'écriture, et, de son extrémité, descendez, suivant la pente, un jambage comme pour un i. Suivez, pour les autres lettres, les indications données à leur formation. Exécutez chaque groupe sans lever la plume.

t c t o t e   t a t x t s   t i t u t   m   t r

p FORMÉ DU t SANS RONDEUR ET DU DERNIER JAMBAGE DU m.   (12e exercice.)

Faites un délié ascendant qui s'élève au-dessus de la ligne supérieure d'un tiers de corps d'écriture, et descendez, suivant la pente, un jambage droit que vous prolongerez de deux corps d'écriture au-dessous de la ligne d'en bas: remontez, sans lever la plume, ce jambage jusqu'au milieu du corps d'écriture, d'où vous formerez le dernier jambage du m. Tracez les autres ainsi qu'il a été indiqué et le groupe sans vous arrêter.

p   e   p   o   p   p   a   p   e   p   p   r   p   v   p

d FORMÉ DU c ET DE L'o.   (13e exercice.)

Ayant formé un o plus penché que l'o simple, faites dans le sens de la pente, un jambage comme pour le i, dont la hauteur soit de deux corps d'écriture. Tracez les autres lettres ainsi qu'il a été indiqué. Faites le groupe sans vous arrêter.

d   i   d   u   d   m   d   v   d   r   d   n

q FORMÉ DE L'o ET DU PREMIER JAMBAGE DU p.   (14e exercice.)

Faites un o mais plus penché que l'o simple, et tracez, dans le sens de la pente, le premier jambage du p et de manière à recouvrir jusqu'en son milieu le délié de l'o. Tracez les autres lettres ainsi qu'il a été indiqué et exécutez le groupe sans interruption.

q   c   q   o   q   e   q   a   q   s   q   x

(44)

Faites chaque syllabe sans interruption. La distance entre les lettres à jambages droits est d'un corps d'écriture ; entre deux lettres courbes, deux tiers de corps ; entre une lettre à jambages droits et une lettre courbe, trois quarts de corps. Hauteur du t un corps d'écriture : du p et du q, deux corps.

tox   tos   pin   pru   dic   qua

xact   spas   prai   dres   coq

drou   tion   pois   trou   que

MOTS FORMÉS DES LETTRES DE LA DEUXIÈME SÉRIE. (16ᵉ exercice.)

Faites chaque mot sans interruption. Distance entre les lettres courbes, deux tiers de corps d'écriture. Hauteur du *t* un corps d'écriture : du *d* deux corps ; longueur du *p* et du *q* deux corps.

a p t e   e x c è s   d a t t e   q u a r t

apte excès datte quart

MOTS FORMÉS DES LETTRES DES DEUX PREMIÈRES SÉRIES.

Faites chaque mot sans lever la plume. Distance entre les lettres à jambages droits un corps d'écriture ; entre les lettres courbes deux tiers de corps ; entre une lettre à jambages droits et une courbe, trois quarts de corps.

c o m i q u e   d i v e r s   e x p o s a n t

comique divers exposant

3e Série.   **I RADICALE DES LETTRES BOUCLÉES EN HAUT.**   (1er exercice.)

Faites un délié ascendant légèrement courbé, jusqu'à la hauteur de deux corps et demi d'écriture, d'où vous formerez, en tournant vers la gauche, une petite rondeur; descendez en suivant la pente, un jambage droit dont le plein commence à l'endroit où il coupe le délié, à un quart de corps d'écriture au-dessus de la ligne supérieure; terminez ce jambage par la rondeur de l'*i*, et continuez ainsi le groupe sans interruption.

J RADICALE DES LETTRES BOUCLÉES EN BAS.   (2e exercice.)

Faites un délié terminé à la ligne supérieure; puis, en suivant la pente, un jambage droit de deux corps et demi d'écriture au-dessous de l'inférieure; de là, tournant vers la gauche, remontez en faisant une petite rondeur un délié jusqu'à la hauteur du *j* suivant, mais de manière à couper le jambage à un quart de corps d'écriture au-dessous de cette ligne. — Continuez le groupe sans vous arrêter.

(3e exercice.)

b FORME DU l ET DU DÉLIÉ DE L'o.

Faites un l, du bas duquel vous remonterez pour faire le délié courbe de l'o, mais terminé par un point.

b   e   b   o   b   b   e   b   s   s   b   b   x   b   t   b

h FORME DU l ET DU DERNIER JAMBAGE DU m.

(4e exercice.)

Faites un l sans rondeur inférieure, et, sans lever la plume, remontant le jambage jusqu'au milieu du corps d'écriture, formez le dernier jambage du m. Tracez les autres lettres ainsi qu'il a été indiqué. Exécutez les groupes sans interruption.

h   i   h   u   h   h   m   h   n   h   h   r   h   v   h

SYLLABES FORMÉES DES LETTRES DES DEUX 1res SÉRIES ET DES LETTRES l h h DE LA 3e.

Faites chaque syllabe sans vous arrêter. La hauteur des boucles est de deux corps et demi d'écriture; le délié doit commencer à un quart de corps d'écriture au-dessus du caractère; la queue du p et du q doit avoir deux corps d'écriture.

euill ouill eill oill

bou bau brix bom bois ab

phra chas thra chox

MOTS FORMÉS DES LETTRES DES DEUX 1ʳᵉˢ SÉRIES ET DES LETTRES BOUCLÉES **l b h.**

Faites chaque mot sans vous arrêter. Hauteur des boucles, deux corps et demi d'écriture ; le délié des boucles doit commencer à un quart de corps au-dessus du caractère. La queue du **p** et du **q** est de deux corps.

babil   bobine   cloche   chaste

paille   houille   treille   voile

chapelle   houblon   honteux

g FORMÉ DU j ET DE L'o.   (7ᵉ exercice.)

Faites un *o* mais plus pênché que l'*o* simple, puis un *j*, mais de manière à couvrir jusqu'en son milieu le délié de l'*o*. Exécutez les groupes sans vous arrêter.

g c g o g g c g s g g q g p g

y FORMÉ DU PREMIER JAMBAGE DU m ET DU j.   (8ᵉ exercice.)

Ayant fait le dernier jambage du *m*, et remonté sa liaison jusqu'à la ligne supérieure et à la distance d'un corps d'écriture de ce jambage, faites un *j*, de manière à couvrir cette liaison en son milieu. Faites les groupes sans interruption.

y i y u y y m y r y y m y v y

f FORME DU f. (9ᵉ exercice.)

Commencez comme pour un *l*, et prolongez le jambage de deux corps et demi d'écriture au-dessous de la ligne inférieure, d'où, sans lever la plume, tournant vers la droite, vous remonterez en faisant une petite rondeur, un délié qui aille rencontrer le jambage au milieu du corps d'écriture. Exécutez le groupe sans vous arrêter.

f m f i f u f r f v f x f n f s f d

z. (10ᵉ exercice.)

Faites un délié ascendant terminé par un point à la ligne supérieure, d'où vous formerez au-dessus de cette ligne et de droite à gauche, une petite rondeur, de l'extrémité de laquelle vous descendrez, suivant la pente, un délié bien droit; remontez un peu, en faisant de gauche à droite, une petite rondeur que vous prolongerez, sous la forme d'un *j* légèrement cintré à droite. Exécutez le groupe sans interruption.

z c z o z c z a z s z x z q z p z

ALPHABET.

(11e exercice.)

Suivez les indications données à la formation des lettres. — La distance entre deux lettres dont la première est ronde dans le bas et l'autre dans le haut, doit être d'un corps et un quart d'écriture; entre les lettres droites, deux corps d'écriture. Faites huit lettres sans vous arrêter.

a b c d e f g h i j k l m n o p q r s t u v x y z

MOTS FORMÉS DES LETTRES DES TROIS SÉRIES.

(12e exercice.)

Suivez les indications données à la formation des lettres. — Écrivez chaque mot sans vous arrêter.

kabyle zéphir flaque gypse

MOTS FORMÉS DES LETTRES DES TROIS SÉRIES. (13ᵉ exercice.)

Suivez les indications données à la formation des lettres. — Faites chaque mot sans vous arrêter.

synchronisme   syllogisme   haie

synchronisme   syllogisme   haie

physiologique   hyperbolique

physiologique   hyperbolique

PHRASE COMPOSÉE DE MOTS FORMÉS DES LETTRES DES TROIS SÉRIES.　(1er exerc.)

Faites deux ou trois mots sans vous arrêter. La distance entre chaque mot ne doit pas être plus large qu'un *m*.

heureux ceux qui souffrent

heureux ceux qui souffrent

persécution pour la justice car

persécution pour la justice car

le royaume des cieux est à eux

le royaume des cieux est à eux.

4e Série.   PHRASE FORMÉE DES LETTRES DES TROIS SÉRIES.   (45e exercice.)

Faites la ligne sans vous arrêter. — La distance entre chaque mot doit être égale à un *m*. — La hauteur des boucles est de deux corps et demie d'écriture.

L'homme qui rend le bien pour le mal ressemble à l'arbre qui donne des fruits à ceux qui lui jettent des pierres.

1234567890

Faites la ligne sans vous arrêter. — La distance entre chaque mot doit être égale à un *m*. — La hauteur des boucles est de deux corps et demi d'écriture.

cherchez premièrement le royaume des cieux et sa justice et toutes les choses vous seront données au-delà.

1 2 3 4 5 6 7 8 9 0

PRINCIPES DES MAJUSCULES.

Les majuscules se composent en général d'un mixte ayant la forme du S et de parties dérivant de la ligne spirale.

FORMATION DU MIXTE.

A partir de la ligne supérieure, et à un huitième de corps d'écriture de la pente, commencez un délié que vous continuerez en cintrant vers la gauche, et suivant la pente jusqu'au quart du corps d'écriture ; de là, vous formerez progressivement le plein jusqu'aux trois quarts du corps d'écriture ; d'où vous ferez aussi graduellement un délié que vous arrondirez vers la gauche, à la ligne inférieure, jusqu'à un demi corps d'écriture de la pente, et que vous terminerez par un bouton, à un quart de corps au-dessus de cette ligne.

PROPORTIONS DES SPIRALES DES MAJUSCULES.

1. Première partie de l'*A*, du *M* et du *N*. — 2. Spirale du *F*, de l'*I* et du *J*. — 3. Spirale du *B* et du *R*. — 4. Spirale du *D*. — 5. Spirale du *P*. — 6. Spirale du *C*, du *G*, de l'*H* et du *M*. — Spirale du *Q* et de l'*X*.

Le bouton de la première partie de l'*A* doit commencer à un quart de corps au-dessus de la ligne inférieure, et à un demi corps de la pente.

La partie de la spirale du *B*, du *P*, du *R*, du *F*, à gauche du mixte, doit en être éloigné d'un demi corps, et descendre jusqu'à la moitié du corps d'écriture. Dans le *B* et dans le *R*, la partie supérieure à droite du mixte doit descendre jusqu'au milieu du corps d'écriture, et être éloignée du mixte d'un quart de corps : la partie inférieure, d'un tiers de corps.

Dans le *D*, la partie de la spirale à droite du mixte doit être éloignée d'un tiers de corps : la partie à gauche de deux tiers de corps et descendre à un huitième environ au-dessous du milieu du corps d'écriture.

Dans le spirale du *C*, la partie à droite de la pente doit en être éloignée d'un demi corps, et s'élever au-dessus de la ligne inférieure jusqu'au milieu du corps d'écriture. Dans la spirale du *Q* et de l'*X*, le délié supérieur doit descendre à un quart de corps de la ligne, et le délié inférieur doit commencer progressivement à un quart de corps au-dessus de la ligne du bas.

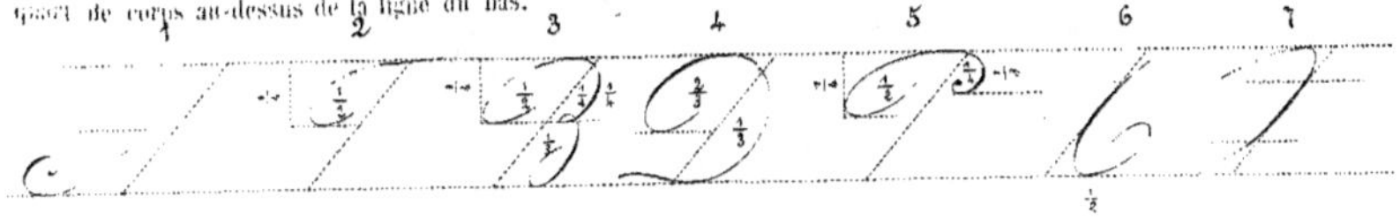

MAJUSCULES.

A B C D E F G H I

K L M N O P Q R

S T U V X Y Z &c

1 2 3 4 5 6 7 8 9 0

EXERCICES DE MOTS COMPOSÉS DE MAJUSCULES ET DE LETTRES DES TROIS SÉRIES.
Faites chaque nom sans vous arrêter.

Auch, Blois, Cambrai, Dublin, Evreux;
Fréjus, Grenoble, Harpes, Iéna, Joigny,
Kélat, Loudun, Metz, Nice, Oran,
Paris, Québec, Rennes, Sens, Tours,
Ulm, Versailles, Xérès, York, Zurich

1 2 3 4 5 6 7 8 9 0

EXERCICES DE MOTS FORMANT UNE PHRASE. — MAJUSCULES.

Faites chaque ligne sans vous arrêter. La distance entre chaque mot doit être égale à un *m*. — La hauteur des boucles doit être égale à trois corps d'écriture.

Il vaut mieux employer notre esprit à

supporter les infortunes qui nous arrivent

qu'à prévoir celles qui nous peuvent arriver

A B C D E F G H I J K L M N

O P Q R S T U V X Y Z

EXERCICES DE MOTS FORMANT UNE PHRASE. — MAJUSCULES.

Faites chaque ligne sans vous arrêter. La distance entre chaque mot doit être égale à un *m*. — La hauteur des boucles doit être égale à trois corps d'écriture.

Nous ne savons pas beaucoup de gré à nos

amis d'estimer nos bonnes qualités, s'ils osent

seulement s'apercevoir de nos moindres défauts

A B C D E F G H I J K L M N

O P Q R S T U V X Y Z

EXERCICES DE MOTS FORMANT UNE PHRASE. — MAJUSCULES.

Exécutez chaque ligne sans vous arrêter. — La distance entre chaque mot doit être égale à un *m*. — La hauteur des boucles doit avoir quatre corps d'écriture.

Les hommes insolents pendant la prospérité sont

toujours faibles et tremblants dans la disgrâce. On

les voit aussi rampans qu'ils ont été hautains

A B C D E F G H I J K L M N

O P Q R S T U V X Y Z.

1 2 3 4 5 6 7 8 9 0